KOSTENLOSER SERVICE

näheres unter:

www.kostnixgibtsnet.de

Books on Demand GmbH, Norderstedt

Heinz Bördner

ALLES HALB
SO WILD

Schmunzelreime

Kreativ Forum Westerwald

Herstellung und Verlag:
Books on Demand GmbH, Norderstedt
1. Auflage August 2008
Titel des Werkes:
Alles halb so wild
Heinz Bördner
Kreativ Forum Westerwald
eMail: hbmk.erda@t-online.de

ISBN-13: 9 783 837 041 583

Wir über uns

Wir sind Autoren, die ihrem Hobby
1999 einen Namen gegeben haben:
Das Kreativ Forum Westerwald.
Wir bringen unsere Gedanken zu Papier und
schreiben aus Spaß an der Freude.

Im schönen Lahntal sind wir
geboren und aufgewachsen.

Das Leben hat uns vor vielen Jahren
eine neue Heimat gegeben.
Der viel beschriebene und besungene
Westerwald. Im herrlichen Lahn-Dill-Kreis
leben und wirken wir.

Es ist unser Bedürfnis, Sie aus dieser
von Stress und Hektik geprägten Zeit
für einige Augenblicke zu entführen
und in unsere Werke einzutauchen.

Bereits veröffentlichte Werke erscheinen demnächst auf der
Homepage des
Kreativ Forums Westerwald.
www.kreativforumwesterwald.de
eMail kreativforumwesterwald@t-online.de

Sie können uns aber gern unter folgender Telefonnummer
kontaktieren.

Telefon 02775-578815
Unser Dank gilt all unseren Lesern
und wir hoffen natürlich sehr,
dass auch Ihr Interesse geweckt wurde.

Freundliche Grüße von den Autoren des
Kreativ Forums Westerwald

Roswitha Weber Heinz Bördner
Ursula Körber-Schuhen

Autor. Heinz Bördner
Hohenahr – Erda
Lahn-Dill-Kreis

Immer wieder die Waage

Mit meiner Waage bin ich böse.
Was die anzeigt gefällt mir nicht.
Denn wenn ich das so richtig lese,
hab' ich 2o Kilo Übergewicht.

Ich gab ihr einen Fensterplatz.
Mitleid hab ich kein's empfunden
und durch etwas Übergewicht hat
`se den Weg nach unten gefunden.

Mein ganzer Frust, der musste raus.
Drum schrieb ich dieses kleine Gedicht.
Friede herrscht jetzt wieder im Haus.
Kein Wort fällt mehr über's Gewicht.

Anpassung

Ein Chamäleon - das weiß jeder Mann,
kann sich ganz gut verstecken.
Es passt sich der Umgebung an.
Schützt sich so vor dem Entdecken.

Nun haben wir einmal ausprobiert,
zu Schauen, ob es was nützt,
wie das Chamäleon reagiert,
wenn es auf einer Herdplatte sitzt.

Erst passt es sich der dunklen Farbe an,
die Kunst der Tarnung war nicht übertrieben.
Doch als die Platte sich zu Röten begann,
ist das Chamäleon schwarz geblieben.

Das ist hart

Der Heiner steht mit zornigem Blick,
beim Bäcker und redet auf ihn ein:
„Bernd, hier hast du deine Brötchen zurück,
die sind ja alle hart wie Stein".

Da sagt der Bäcker etwas beklommen:
„meine Lehrzeit, die hat sich bewährt,
die Brötchen wurden gerne genommen
und keiner hat sich je beschwert"!

Drauf sagt der Heiner: „Mein lieber Bernd"
und haut die Tüte auf den Tisch,
„vor zwanzig Jahren, als du gelernt,
da waren die Dinger auch noch frisch"!

Sport ist gesund

Boxen ist für ihn Freude pur,
wieder gehört er zu den Gewinnern.
Das Dumme daran ist leider nur,
er kann sich an nichts mehr erinnern.
Des Gegners Fäuste waren hart,
sie schlossen ihm die Augen.
Der dicke Oberlippenbart,
tut das Nasenblut aufsaugen.
Dennoch schaut er glücklich drein,
Schmerz verspürt er jetzt noch nicht
und sein gebrochenes Nasenbein,
passt gut in das verbeulte Gesicht.
Sein Manager wirkt gut gefüttert,
sein Siegeswille wirkt ungebrochen,
sein Gehirn wirkt leicht erschüttert,
sein Abschied wird derzeit besprochen.
Wenn später dann die Enkel fragen:
Warum sind Opa's Gedanken fort?
kann man zu ihnen ganz klar sagen:
Das kommt vom Boxen, dem schönen Sport!

Trophäen

Der Großwildjäger voller Stolz,
zeigt dem Bekannten zur Freude,
die Trophäenwand aus edlem Holz
mit den Köpfen seiner Beute.
Löwen, Tiger und Antilopen,
hängen alle an dieser Wand.
Auch dabei - aus den Tropen,
ein ausgestopfter Elefant.
Der Besucher ist entzückt,
tief beeindruckt ob dieser Schau.
Plötzlich denkt er: *Bin ich verrückt?*
Da ist der Kopf einer lachenden Frau!
„Meine Schwiegermutter"
erklärt der Jäger dem Mann,
der fast seine Fassung verliert.
„Sie glaubte bis zuletzt daran,
sie würde von mir fotografiert!"

Drei Vierzeiler

Die Weltreise hatte so ihre Launen,
in Punkto Erfahrung war´s ein Gewinn.
Im nächsten Jahr ihr werdet staunen,
fahren wir aber woanders hin.

Das Wartezimmer ist brechend voll.
Der nächste Aufruf - was bin ich froh.
Herr Kunz zum Arzt nun soll kommen,
leider Gottes heiß ich nicht so.

Geisterfahrer, nicht sehr geschätzt,
so sollen sie doch allgemein
und zwar meistens bis zuletzt,
stets entgegenkommend sein.

Rein oder Raus

Der Einbrecher bricht ein,
der Ausbrecher bricht aus.
Der Einbrecher will rein,
der Ausbrecher will raus.

Der Einbrecher wurde gleich
geschnappt
und verhaftet auf der Stelle.
Der Ausbruch hat auch nicht
geklappt,
nun sitzen beide in der Zelle.

Wenn…..

...   einer auf der Schüssel sitzt
...   ihm der kalte Schweiß ausbricht
...   die Ellbogen auf die Knie gestützt
...   dunkelrot wird sein Gesicht
...   die Schläfen von Adern durchzogen
...   sich von selbst die Augen verdrehen
...   beim Sitzen der Rücken durchbogen
...   du dich im Jenseits kannst sehen
...   dir plötzlich alles ist gleich

Dann ist dein Stuhlgang bestimmt nicht weich!

Autsch!!

Dieses Jahr wollt ich beizeiten,
den Baum im Garten neu beschneiden.
Kreuz und quer wächst er weiter,
also hol ich mir eine Leiter,
außerdem eine Astschere noch
und klettere die Leiter hoch.
Zunächst klappt es auch einwandfrei,
doch plötzlich ist der Spaß vorbei.
Für unten hat es die Leiter getan,
an die hohen Äste komm ich nicht ran.
Da hilft jedoch kein lautes Wettern,
muss einfach in den Baum reinklettern.
Ich tat es und mit diesem Entschluss,
begann für mich der ganze Verdruss.
Im Baume drin, war mir als
klopfte mein Herz oben im Hals.

Ich trat auf einen Ast mit meiner Schwere,
merkte wie der unter den Füssen bricht.
Zuerst verlor ich die große Schere
und kurz darauf mein Gleichgewicht.
Mein anfänglicher Eifer wurde gedämpft,
ich wollte versuchen was keiner schafft,
verzweifelt habe ich gekämpft,
gegen die Erdanziehungskraft.
Nun - ich will es kurz jetzt machen,
der Weg nach unten war festgeschrieben.
Ihr braucht darüber nicht zu lachen,
gerne wäre ich oben geblieben.

Als ich dann im Grase lag,
mit einer Träne im Gesicht,
den nächsten Baum soll schneiden wer mag;
ich jedenfalls – mache das nicht!

Der Spanner

Nachts stand er auf den Terrassen,
keine Wohnung ließ er aus.

Er konnte es einfach nicht lassen,
man nannte ihn den Spanner-Klaus.

Eines Tages hatte er Pech,
da passierte ihm ein Missgeschick.

Die Leiter rutschte unter ihm weg,
er fiel – und brach sich das Genick.

Die Leute freuten sich darüber sehr.
Sie glaubten manchmal an Gespenster.

Doch der Spanner kommt nicht mehr,
ist – sozusagen – weg vom Fenster.

Eskapaden

Der Ehemann schleicht leise, verstohlen,
zur Nachbarin die noch sehr jung.
Heimlich und auf leisen Sohlen,
begeht er einen **Seitensprung.**
Dem Gitarristen kommen die Tränen,
sein Lied hat nicht sehr schön geklungen.
Er hört das Pfeifen zwischen den Zähnen,
ihm war eine **Saite gesprungen.**
Der Torwart hat den Ball verfehlt,
ein Pfiff an seine Ohren drang.
Der Treffer wurde nicht gezählt,
weil einer ihm in die **Seite sprang.**
Das Auto durch die Pfütze rennt,
Wasser wäre durch den Anzug gedrungen,
wenn der Mann nicht im letzten Moment,
gedankenschnell zur **Seite gesprungen.**
Ach ja ! – Der Ehemann von eben,
hört derweil die Englein singen,
seine Frau hat es ihm gegeben,
der wird nicht mehr zur **Seite springen.**

Die kurze Geschichte...

...vom hässlichen Heinz,
mit dem bisher keine Frau schlief.
Der Treffer im Lotto, Gewinnklasse eins,
machte ihn plötzlich attraktiv.
Die Frauen haben ihn alle verehrt,
er war für sie der große Star.
Das hat an seinem Geld gezehrt,
bis es schließlich alle war.
Nun ist er wieder allein in der Stadt,
die Frauen finden ihn grässlich,
denn seit dem er kein Geld mehr hat,
ist der gute Kerl wieder hässlich.
Die Frage, die sich uns allen stellt:
Was ist die Moral von der Geschicht?
**Ohne Geld auf dieser Welt,
bist Du nur ein kleines Licht!**

Dumm gelaufen

Da ist aber etwas dumm gelaufen,
anfangs warst Du ja recht munter,
gehst Dir ein Rückflugticket kaufen,
doch dann fällt die Maschine runter.

Beim Hinflug schon, direkt über dem Meer,
Tod durch Aufprall oder Ersaufen,
einen Rückflug gibt es nicht mehr.
Wie schon gesagt: Dumm gelaufen.

Ein guter Tipp, für jeden der fliegt,
One Way Ticket, das hätte genügt.

Steter Tropfen

Was lange währt, wird endlich gut,
fällt mir ein altes Sprichwort ein
und wenn er es lange genug tut,
höhlt steter Tropfen auch den Stein.
Trinkt man viel Wein, Roten oder Weißen,
ob Faulenzer oder auch Streber,
bei denen müsste es dann heißen,
steter Tropfen schädigt die Leber.
Ist der Wasserhahn nicht mehr heil,
nicht gleich die Flinte in´s Korn werfen,
schnell die Dichtung auswechseln - weil,
steter Tropfen geht auf die Nerven.
Nach einer langen, durchzechten Nacht,
kühlst Du Dir anderntags die Stirn.
Keine Erinnerung in Dir erwacht,
steter Tropfen killt das Hirn.
Ältere Männer haben oft ein Problem,
sie kommen in eine gewisse Phase,
wo´s Wasserlassen unangenehm,
steter Tropfen leert auch die Blase.

Glück gehabt

Weil ich es so gerne mag,
nahm ich teil am Preisausschreiben
und warte seit dem Tag für Tag
wo denn meine Preise bleiben.
Endlich wurde ich informiert,
als glücklicher Gewinner von all den Preisen,
wird ein Lotterielos für mich reserviert,
muss nur noch schnell Geld überweisen.
Ich soll so viel wie möglich schicken
und mich dann überraschen lassen.
Die wollen mir die Daumen drücken,
ich kann mein Glück noch gar nicht fassen.
Wochen später, dann die Nachricht:
Ein anderer hat die richtige Zahl,
gewonnen haben sie leider nicht,
probieren sie es noch einmal.
Ich werde das Gefühl nicht los,
die sagen: *Man kann nicht verlieren,*
das Geld fällt einem in den Schoss!
Ich denke, die meinen den ihren!

CO2

Es entlädt sich auf verschiedene Weise
und steigt dann auf in die Atmosphäre,
mal ist es laut, mal ist es leise
und man tut als ob nichts wäre.

Doch mit den Jahren wird sich zeigen,
die Wissenschaft kann es bestätigen,
dass die Dämpfe die dort steigen,
die Ozonschicht stark beschädigen.

Ihr fragt bestimmt:
Was meint der bloß?
Ich will es erklären und zwar kurz:

Es handelt sich um einen CO2 Ausstoß,
oder schlicht gesagt:

um einen Furz !

Wenn…

…   es auf einmal merkwürdig riecht
…   seltsamer Nebel durch das Zimmer kriecht
…   Fliegen tot am Boden liegen
…   Gäste schon vor dem Haus abbiegen
…   deine Frau beginnt sich zu schämen
…   die Lungen verweigern Luft aufzunehmen
…   Gesichter grüne Färbungen zeigen
…   die Blumen ihre Köpfe neigen

…   keiner es mehr aushalten kann

Dann zieh Deine
Socken
wieder an !

Rätselhaft

„ombom" hört sich harmlos an,
doch setzt man davor ein „At"
und hinten ein „be" noch dran,
man eine schreckliche Waffe hat!

Bodenpersonal

Der Pfarrer von der Kanzel spricht,
redet ein auf seine Schäfchen,
zuhören tun die ihm aber nicht,
nein, die machen einfach ein Schläfchen.
Der Busfahrer fährt ziemlich flott,
das Gaspedal ganz durchgetreten.
Die Fahrgäste rufen den lieben Gott
und fangen alle an zu beten.
Was ist? so werden viele fragen,
von der Geschichte die Moral ?

Der Busfahrer gehört, man könnte sagen,
zu des lieben Gottes Bodenpersonal.

Irrtum

In der Zeitung wurde inseriert:
Urlaubsvertretung dringend gesucht!
Daraufhin habe ich gleich telefoniert
und gefragt: *Welche Reise wurde gebucht?*

Vielleicht eine Reise um die Welt ?
Darf meine Frau mich auch begleiten?
Gibt es auch ein Taschengeld?
Man muss sich schließlich vorbereiten.

Hier war ich einem Irrtum unterlegen,
in Wirklichkeit – ihr werdet lachen,
in Urlaub fahren? Ach – von wegen,
die Arbeit sollt ich für die machen!

Dann eben nicht

Meine Frau rief: „Mein lieber Mann,
ich hol im Keller Kartoffeln geschwind!"
Kurz darauf lief sie dann
die Treppe runter wie der Wind.
Noch nicht ganz unten, kam sie zu Fall
und brach sich ein paar Knochen.
Ich hab gedacht: „Verflixt noch mal,
dann muss ich eben Nudeln kochen"!

Imposant

Als Sportler, in seinen besten Tagen,
ist er allen weggerannt.
Seine Leistungen waren sozusagen,
für den Zuschauer – imposant.
Im Sommer kann man es oft erblicken,
liegt einer nackend am Strand
und vielleicht noch auf dem Rücken,
dann hat er auch – im Po Sand.

Schnäppchen

Der Wagen hat nicht viel gekostet
und wenn er anspringt, fährt er auch.
Dass der Motorraum leicht durchgerostet,
lag nur am tropfenden Wasserschlauch.
Das Profil, das die Reifen einst besessen,
noch zehntel Millimeter misst.
Der Ölstand lässt sich leider nicht messen,
weil der Messstab zu kurz geraten ist.
Zum Glück kann der Hupe leichter Defekt,
fehlenden Bremsbelag ausgleichen.
Jeder Passant wird total erschreckt,
wenn die Bremsen anfangen laut zu kreischen.
Weil die Spiegelbleche so langsam erblinden,
sind die Scheinwerfer nicht mehr so grell.
Tagsüber kann man den Weg noch finden,
selbst abends ist es im Sommer lang hell.
Der rechte Blinker blinkt nicht mehr,
das könnte am fehlenden Birnchen liegen,
doch eigentlich stört das nicht sehr,
ich muss meistens links abbiegen.

nächste Seite

Bei schönem Wetter, fahre ich sicher.
Klare Sicht ist dann vorhanden,
denn der Gummi vom Scheibenwischer,
hat all die Jahre nicht überstanden.
Fünfhunderttausend Kilometer glatt,
ein robuster Wagen ist das schon.
Wer so viel auf dem Buckel hat,
schafft noch mal eine halbe Million.
Der Händler sagte, dass ich ein Glückspilz bin,
ich würde den Kauf bestimmt nicht bereuen.
Ach ja ! – zum TÜV - da müsste ich noch hin,
die würden sich über mein Kommen freuen.
Alles in Allem – war das ein guter Kauf,
ich hab mir in´s Fäustchen gelacht.
Dem Händler fiel das gar nicht auf,
was ich hier für ein Schnäppchen gemacht.

Wollt ihr mal ein Auto kaufen,
lasst Euch nur nicht so verbraten.

Kommt dann schnell zu mir gelaufen,
ich kann euch fachmännisch beraten.

Haussegen

Ein Ehepaar, das hatte Streit.
Es war fürwahr eine eisige Zeit.
Sie sprachen zusammen nicht mehr,
schoben nur Briefchen hin und her.
Ein wichtiger Termin am nächsten morgen,
machten dem Mann einige Sorgen.
So hat er ihr dann aufgeschrieben:
Weck mich bitte morgen um Sieben.
Um Neun! wurde er wach und erschrak.
Doch auf dem Nachttisch ein Zettel lag,
auf diesem stand dann nur:
Bitte aufstehen, es ist sieben Uhr.

Halb so doppelt

Doppelt zu haben ist ein Zwang,
dem viele Menschen folgen.
Sie machen das ein Leben lang
und greifen nach den Wolken.
Nach mühseliger Arbeit in all den Jahren,
Reichtum war ihnen nicht beschieden,
müssen neidlos sie schließlich erfahren:
Halb so viel macht auch zufrieden!

Noch ein paar Vierzeiler

Vor kurzem hat der Zahnarzt gefragt:
„Quält denn nachts der Zahnschmerz Dich?"
„Das weiß ich nicht", hab ich gesagt:
„nachts liegen die Dinger auf dem Tisch"!

Die Fechter gehen aufeinander los,
lauernd tun sie sich umzingeln.
Da – plötzlich kommt der finale Stoß,
doch statt zu bluten, tut es nur klingeln.

Ein tolles Match beim Eishockey,
die Spieler kämpfen wie brutale Hähne.
Als die Schlacht dann endlich vorbei,
lachen sie wieder, jedoch ohne Zähne.

Faulheit ist eine hohe Kunst,
die sich jedoch nicht jedem bietet.
Man nutzt stets der Stunde Gunst,
sich auszuruhen, bevor man ermüdet.

Weil es uns so gut gefällt,
sind wir ausgegangen zum Essen.
Doch diesmal hab ich mir nichts bestellt,
ich hatte meine Zähne vergessen.

Endlich hatte Herr Schweiß einen Sohn.
Vor Freude könnte er Bäume ausreißen.
Auch einen Namen hatte er schon:
Axel, soll der Sprössling heißen!

Liebe Marianne, ich lade Dich ein!
Wie wäre es denn mit einem Döner?
Vielleicht auch noch ein Gläschen Wein,
zu zweit ist doch Alleinsein schöner!

Sie haben eine Lösung für ihr Problem gefunden?
Das ist aber gar nicht angenehm.
Doch wir tun alles für unsere Kunden
und haben für jede Lösung ein Problem.

Geschenkt ist geschenkt

Zum Geburtstag - all diese Gaben!
Schön, dass jeder an mich denkt.
Keiner will was wieder haben,
denn wie gesagt: geschenkt ist geschenkt.

Falsche Spur auf der Autobahn,
was sich der Fahrer dabei denkt?
Jetzt kommt einer von vorne an,
schon hat es gekracht, gelenkt ist gelenkt.

Schuldig – so lautete der Urteilsspruch.
Er hatte ein Haus in die Luft gesprengt.
Zu spät genehmigt - das Gnadengesuch,
zu spät für ihn, gehenkt ist gehenkt!

Zwei Achtzeiler

„Hier, mein Schatz, ein Aspirin,
damit der Kopfschmerz dich nicht plagt!"
Sie schüttelt den Kopf, her und hin
und hat staunend zu mir gesagt:
„Ich habe doch gar keine Migräne,
was machst du nur für Sachen"?
„ Das ist ja toll, meine Schöne,
dann lass uns etwas Liebe machen"!

Hoch auf dem Seil im Zelte drinnen,
standen wartend zwei Artisten.
Sie konnten das Training nicht beginnen,
weil sie den Fänger noch vermissten.
Mit sichtlich wachsender Ungeduld
rief der eine Artist nach drüben:
„Wer nicht kommt, ist selber schuld,
lass uns einfach ohne ihn üben"!

Federn lassen

Läuft mal etwas nicht ganz rund
und dir fehlt das Geld in den Kassen,
so heißt es dann in Volkesmund:
Der hat aber *Federn gelassen!*

Der alte Häuptling wurde abgewählt,
das schien ihm aber nicht zu passen,
denn, seit ihm der Kopfschmuck fehlt,
hat er, wie man sagt: *Federn gelassen!*

Mit der Ente geht es zu Ende.
Doch sie nimmt das sehr gelassen.
So, als ob es geschrieben stände,
ist es ihr Job *Federn zu lassen!*

Sie liegt im Bett, Blähungen hat`se,
Kohletabletten nimmt sie in Massen.
Wenn es dann dröhnt in der Matratze,
hat sie einen in die *Federn gelassen!*

Mein Kaktus

Mein Kaktus lässt de Stacheln hänge
un guckt ganz oarm aus em Gescherr,
wenn ich dem kaa Wasser brenge,
wirsde sehn, verderrdermer.
Mein Opa, woar der noch am Lewe,
der hots gewusst, der alte Herr.
Wasser muss mer dem Ding gewe,
sonst kanns passiern, werderderr.

Spielerpech

Das ist die traurige Geschichte
vom Spieler der gewinnen wollt.
Gerade als er die Karten mischte,
zog der andere seinen Colt
und traf den Spieler mitten ins Leben;
jetzt kann er keine Karten mehr geben.

Geburtstagsgrüße an einen lieben Freund

Fünf Jahrzehnte ist es nun schon her,
als Roger das Licht der Welt erblickte.
Wir wissen, dass Gott früher schon mehr,
Katastrophen auf die Erde schickte.
Nun haben wir ihn lieben gelernt,
fast alle lieben ihn doch sehr.
Ausnahme vielleicht – irgendwer,
doch das macht ihm das Herz nicht schwer.
Vieles geht Dir leicht von der Hand,
da gibt es nichts zu mäkeln
und geht noch etwas Zeit ins Land,
lernst Du vielleicht noch kegeln.
Lieber Roger, bleib einfach Du,
der eine ruhige Kugel schiebt.
Wir schauen Dir alle gerne zu
es ist schön, dass es Dich gibt!
Dieser Reim hat angestrengt,
ruhelos lief ich durchs Haus.
Dabei hab ich mir gedenkt:
Hoffentlich gibt er einen aus.

Alles Gute vom Herzen her,
wünscht Dir Dein – Du weißt schon wer!!

Wenn…

…du deine Runde drehst
…du mal spazieren gehst
…du kommst beim Nachbarn vorbei
…du denkst: es ist einerlei
…du in Gedanken bist
…das Hoftor vom Nachbarn offen ist
…du denkst: wie sonderbar?
…du denkst: wer bellt denn da?
…du dann den Pitt Bull erblickst

Dann sieh zu, dass du dich verdrückst!!

…die Braut allein vor der Kirche steht
…das Brautkleid sanft im Winde weht
…der Pfarrer leise zu Himmel betet
…die Brautmutter ihre Finger knetet
…der Brautvater guckt ganz bös
…die Trauzeugen werden nervös
…alle betreten nach unten schauen

Dann ist der Bräutigam abgehauen!!

Jede Menge Vierzeiler

Hohe Tannen weisen die Sterne….
man müsste sie mal kürzen:
ich würde es tun – sehr gerne,
doch ich hab Angst zu stürzen.

Am elften elften elf Uhr elf,
was war denn da? – Ich hab es vergessen.
Noch neunundvierzig Minuten bis zwölf ?
Ach ja – da wird bei uns gegessen.

„Was ist ein Transvestit? Kannst du mir das sagen?"
So fragt den Vater der kleine Klaus.
"Da musst du einmal die Mutti fragen,
der kennt sich da schon besser aus!!"

Der Arzt ging auf dem Friedhof spazieren.
Die Leute dachten: *Was macht der nur?*
Er war ständig am Notieren,
das ist bestimmt ´ne Inventur.

Auf den Friedhof gehen will ich,
um die Blumen zu begießen.
Doch es regnet unaufhörlich,
werd wohl nen Schirm mitnehmen müssen.

Der Bauer fällt vom Dach herab
und bricht sich dabei das Genick.
Die Sense verfehlte er nur knapp.
So etwas nennt man eben Glück.

Im Märzen der Bauer die Rösslein einspannt...
Das macht er nicht mehr - schon seit Jahren
kommt er – das ist uns Allen bekannt,
nur noch mit dem Traktor gefahren.

„Kannst du mir einen „Hunni" leihen?"
Frag ich meinen Freund: "Oder zwei"
„Nein „ sagt er: "Du musst verzeihen,
beim Geld ist unsere Freundschaft vorbei"!

Vor Gericht steht nun der Bigamist,
jetzt muss er büssen, für seinen Betrug.
Das Urteil jedoch milde ist,
zwei Schwiegermütter sind Strafe genug.

Der Pyromane ist angeklagt,
weil er gezündelt in der Nacht.
Zum Richter hat er nur gesagt:
„Denen hab ich Feuer gemacht"!

Das Glühwürmchen ruft ihren Mann:
„Hilf mir bitte – so geht es nicht,
im Dunkeln ich nicht sehen kann,
komm her und mach mir etwas Licht"!

Wie kann man einen Klept manen beschreiben?
Ihm darf man keinesfalls vertrauen,
denn er lässt es nicht unterbleiben,
sein eigenes „ o „ zu klauen.

Manchmal stimmt er - manchmal nicht,
da gibt es gar nichts zu lästern.
Das sicherste vom Wetterbericht,
ist eine Analyse von Gestern.

Wo man singt, da lass dich nieder,
hier ist es schön, hier hast du Ruh´.
Böse Menschen kennen keine Lieder,
das trifft leider nicht immer zu.

Drum singe, wem Gesang gegeben,
eine alte Weisheit zu uns spricht.
Manche liegen da etwas daneben,
besser wäre es, sie sängen nicht.

Der Polizei ist nichts entgangen,
es war ein ausgeklügelter Betrug.
Der Täter wurde rasch gefangen,
er war einfach nicht schnell genug.

Der Doktor war weiß wie eine Wand,
es ist ihm nichts übrig geblieben,
er nahm sein Blöckchen in die Hand
und hat sich selbst krankgeschrieben.

Der Attentäter – zum Motiv befragt,
zuviel des Hergangs war noch offen.
Doch dieser hat lediglich gesagt:
„Ach den? Den hab ich gestern getroffen!"

Kommt von links die Schwarze Katze
und geht dann prompt etwas daneben,
ohne es eigentlich zu wollen, hat ´se,
dem Aberglauben Nahrung gegeben.

Nur weil man durchschauen kann,
ist der Maschendraht auf keinen Fall,
wie man glaubt dann und wann,
ein durchsichtiges Metall.

Der Messerwerfer (1)

Dem Messerwerfer fehlt die Ruh´,
er hat gestern zuviel gesoffen.
Das Messer rast auf die Scheibe zu,
die Dame hat er nicht getroffen.

Der Messerwerfer (2)

Das Messer auf die Scheibe zufliegt.
Doch diesmal hatte die Dame kein Glück.
Sie hat es direkt ins Auge gekriegt,
seitdem hat sie einen stechenden Blick.

Übergewicht

Gewiss ihr Leute, man glaubt es nicht,
drum sag ich es noch einmal genau:
„Ich hab etwas Übergewicht,
doch Schuld daran ist meine Frau"!
Wenn ich heimkomme, spät in der Nacht
und hab dann noch so ein gewisses Interesse.
Wenn sie dann: „Iss was?" zu mir sagt,
dann geh ich in die Küche und esse.

Skat

Vier Buben, drei Zehnen mit vier Assen,
jetzt können die Spieler was erleben,
achtzehn...zwanzig...nur nicht passen,
doch der Geber hat sich vergeben.
So kann es passieren bei jedem Spiel,
zwar gute Karten, doch eine zuviel.
Ärgern darf man sich da nicht,
es kommt schon alles wieder ins Lot.
Der Spieler macht ein Pokergesicht
und wünscht dem Geber einen Grausamen Tod.

Treibjagd

Die Jagd beginnt mit Hornesklang,
die Treiber durch die Büsche ziehen.
Der Jäger stimmt an den Jagdgesang,
das Wild versucht im Wald zu fliehen.
Der Jäger hat etwas gesehen,
er reißt die Büchse hoch – es knallt.
Um einen Treiber war es geschehen,
das Wild läuft weiter durch den Wald.
Der Jäger denkt: „Das kann es nicht geben,
ich geh so lang schon auf die Pirsch"!
Soweit lag er auch gar nicht daneben,
immerhin – der Mann hiess ..Hirsch !

Pisa

Der Lehrer zu seiner Klasse spricht,
im Hinblick auf die Mathematik:
„Liebe Schüler, so geht es nicht,
ihr fallt mir immer mehr zurück.
Ich hab die letzte Arbeit verglichen,
achtzig Prozent waren nicht fleißig"!
„Geht ja nicht"! ruft einer dazwischen:
„Wir sind ja in der Klasse nur dreißig"!

Rückwärts

Hat man sich einmal verfahren,
fuhr den falschen Weg entlang.
Um einen Umweg einzusparen,
benutzt man halt den **Rückwärtsgang.**

Dem Wähler war er wohl gesonnen,
allerorts, nur Lobgesang,
doch hat er dann die Wahl gewonnen,
legt er ein, den **Rückwärtsgang.**

Wird einmal zuviel genossen,
massig Bier in den Magen drang,
kommt es dann zurück geschossen,
ist das auch ein **Rückwärtsgang.**

Das Flugzeug durch die Wolken fegt,
als plötzlich eine Tragfläche bricht.
Nun ist die Richtung festgelegt,
Rückwärtsgang ? – den gibt es hier nicht !

3 Limericks

Verwendet hab ich mein ganzes Geschick
und siehe da, ich hatte Glück.
Vor Freude bin ich hoch gesprungen,
endlich ist er mir gelungen,
mein erster, eigener Limerick.

In der Flucht versucht sein Heil er,
der Weg wird immer steiler.
Laufen ist zwar gesund,
doch hinter ihm der Hund,
ist ein Rottweiler.

Für die Herren war klar,
wir gehen in die Bar
und als ihre Holden,
genaues wissen wollten,
wusste keiner mehr wo er war.

Vierzeiler

Seit Stunden versuch ich sie zu küssen,
bis jetzt scheiterte jeder Versuch.
Warum will sie nichts von mir wissen?
Vielleicht liegt es am Mundgeruch.

Der Chirurg bekam einen Schock,
er hat sogar dagegen geklagt.
Der Patient vom dritten Stock,
hat Aufschneider zu ihm gesagt.

Bei uns zu Hause läuft es toll,
da gibt es niemals ein Gebrüll.
Frauchen sagt wann ich heimkommen soll
und ich komm heim wann ich will.

Der Opernsänger hört sich grausam an.
Er klang geradeso wie unser Waldi.
Jetzt geht auch noch der letzte Mann,
es war ein Stück von Vivaldi.

Blutüberströmt, ein Bild voller Grauen.
Es war schreckliches passiert.
Nach dem Blutdruck wollt er schauen
und hat Pulsmesser falsch definiert.

Ich glaub der Himmel ist erkält,
des Abends bekommt er helle Tupfen
und wenn es ihm einmal gefällt,
zeigt er uns seine Sternenschnupfen.

Der Hammerwerfer schaute dumm,
er muss seinen Blick noch schärfen.
Der Hammer flog ins Publikum,
so was nennt man dann …verwerfen.

Nena sang es, vor ein paar Jahren.
99 Ballons in die Höhe steigen wollen.
Gut, dass es keine 100 waren,
wer hätte die alle aufblasen sollen?

Was ist ein „Pensch"? wird hier gefragt.
Wer weiß es denn? Wer ist hier firm?
Es ist, mit einem Wort gesagt:
Das Mittelteil vom Lam**pensch**irm.

Rotkäppchen lief durch den Wald,
sie irrte umher – ganz planlos.
Der Wolf den sie traf, war schon alt
und außerdem noch zahnlos.

„Tut", so tut man nicht mehr sagen.
Das Wörtchen „tut" hat es heute schwer.
Der eine tut es gern im Wagen,
der andre tut es schon lang nicht mehr.

Per Anhalter ist er gefahren,
deshalb kam er so spät nach Haus.
Die Worte seiner Gattin waren:
„Du siehst so mitgenommen aus"!

Der Dobermann ist tot und stumm,
elend musste er verrecken.
Die Katze des Nachbarn brachte ihn um,
sie blieb in seinem Halse stecken.

Der Fußballspieler war verdrossen,
sein Gesicht wirkte eingefroren.
Zwei Tore hatte er geschossen,
trotzdem – Zwei zu Null verloren.

Zeigt dir die Ampel rote Lichter,
so heißt das: Du musst stehen.
Zeigt dir „Rot" der Schiedsrichter,
so heißt das: Du musst gehen.

Die Fußballspieler mühsam sich plagen,
ihr Trainer kann es gar nicht fassen.
Um es mit einem Wort zu sagen:
Schwachangefangenstarknachgelassen!

Wenn der Verkehr zusammenbricht,
man keine Ausfahrt finden kann.
So schlimm ist ein Stau doch nicht,
es sei denn, man steht hinten dran.

Zurzeit bin ich überhaupt nicht froh,
denn meine Blase ist etwas schwach.
Morgens um 6 Uhr muss ich aufs Klo,
leider werd ich um Sieben erst wach.

Es wird immer wieder gefragt:
Ist Durst oder Heimweh das größte Leiden?
Am Besten ist es, wenn man sagt,
man verspürt keines von Beiden.

Die Steuerfahndung hat zugeschlagen,
das hat Herrn X sehr gestunken.
Wie konnte er es aber auch wagen?
Den Kaffee hat er schwarz getrunken.

Wegen Schwarzarbeit steht er vor Gericht.
„Einspruch" – ruft er laut dazwischen.
„Ganz so, Herr Richter, war das nicht!
Ich hab alles weiß gestrichen"!

Mit drei Wochen Urlaub waren wir gesegnet.
Das Wetter war toll, gar keine Frage.
Es hat nur zweimal heftig geregnet:
Einmal zwei Wochen, dann sieben Tage.

Die Weltreise letztens, mit meiner Frau,
steckt noch immer in mir drin.
Doch dieses Jahr, das weiß ich genau,
fahren wir mal woanders hin.

Gebucht hat er die Reise soeben.
Von der Bahn groß angepriesen.
Er wollte schon immer sein Leben,
in vollen Zügen genießen.

Ein fester Tritt, zwischen die Zehen,
der Schmerz wirkt hier extrem verstärkt,
lässt jeden Angreifer schwach aussehen,
zwischen den **großen** Zehen – wohl bemerkt.

Unter einer Eisenbahnbrücke,
ist es so, dass man schlecht hört.
Gerade dann, das ist die Tücke,
wenn ein Zug darüber fährt.

Die Bahn kommt immer pünktlich an,
so wird es uns ständig eingeredet.
Nur kann es sein, dann und wann,
dass sie sich auch mal verspätet.

Der Schiri hat dir „Gelb" gezeigt,
dann hast du ihn auch noch bedroht,
er hätte das ganze Spiel vergeigt,
folglich siehst du auch noch „Rot"!
Man sieht, da braucht es gar nicht viel
und schon ist etwas Farbe im Spiel.

Wenn…

…es auf einmal merkwürdig riecht
…seltsamer Nebel durchs Zimmer kriecht
…Fliegen tot am Boden liegen
…Besucher schon vorm Haus abbiegen
…deine Lungen sich weigern Luft aufzunehmen
…deine Frau beginnt sich zu schämen
…keiner es mehr aushalten kann

Dann zieh deine Socken wieder an!

Limerick

Vom Orchester der Hornist,
heute zu spät gekommen ist,
denn er hatte sein Horn
unterwegs verlor´n,
weiß nicht mehr wo sein Horn ist.

Die Nase

Die Nase – schon so oft beschrieben,
was würden wir bloß ohne sie machen?
Wenn sie juckt, wird sie gerieben,
wenn sie bricht, hört man es krachen.
Oft beginnt sie auch zu laufen,
da hilft es nicht, wenn man flucht.
Dann bildet sich ein kleiner Haufen,
den der kleine Finger besucht.
Fliegende Fäuste schlagen sie platt,
man kann ihr auch etwas aufbinden
und wenn man etwas verloren hat,
nutzt man sie ums wieder zu finden.
Brutzelt jemand in der Küche,
die Nase kriegt das alles mit,
dann empfängt sie die Gerüche
und sorgt für guten Appetit.

König Kunde

Zurzeit erleben wir einen Wandel.
Das gilt speziell für den Einzelhandel.
Hier lernt man wieder den Kunden lieben,
Freundlichkeit wird groß geschrieben.
Damit es in der Kasse kracht,
wird der Kunde zum König gemacht.
Die Verkäufer rufen aus einem Munde:
„Schon wieder ein zufriedener Kunde"!

Die Zeit vergeht

Ein Jüngling war es, mit dichtem Haar,
sein Blick meist an den Frauen hing.
Er weiß noch genau, wie es früher war,
die Trefferquote war nicht gering.
Freundlich hat er immer gelacht,
die Frauen konnten ihm nicht widerstehen,
man fragt sich: „Wie er das nur macht"?
Auf diesem Gebiet – ein Phänomen.
Vierzig Jahre sind nun vergangen,
es zeigt sich langsam ein kleiner Bauch.
Die Sprüche von einst, sind ausgegangen,
Haare und Zähne – übrigens auch.

Der kluge Häuptling

Der Trapper war schon etwas betagt,
er wohnte mitten im Wald,
als er den großen Häuptling fragt:
„Sag, wird der nächste Winter kalt?
Du kennst dich aus in der Natur
und liest ganz sicher ihre Zeichen,
ich bitte dich, sag mir nur,
wird mein Holzvorrat auch reichen"?
der Häuptling blickt ihn seltsam an:
„Ich sehe, du warst fleißig,
drum lass dir sagen, weißer Mann,
der Winter wird bestimmt sehr eisig"!
Der Trapper hat noch Holz gemacht,
um sich richtig vorzubereiten.
Er arbeitete Tag und Nacht,
vorzubeugen den frostigen Zeiten.
Als er wieder beim Häuptling saß,
fragte er noch kurz vorm Gehen:
„Sag, mein Freund, wie machst du das,
einen kalten Winter vorauszusehen"?
„Das ist ganz einfach und leicht gemacht"
erwiderte der Häuptling stolz.
„Als ich dich sah, hab ich gedacht,
weißer Mann macht sehr viel Holz"!

Völlig überzogen

Du hast kein Geld mehr, bist völlig blank.
Trickreich wurdest du betrogen.
Dann schreibt auch noch deine Bank:
Ihr Konto ist leider **überzogen.**

Der Moderator hat alles gut gemacht.
dem Publikum war er gewogen.
An eines hat er nicht gedacht,
die Sendezeit wird **überzogen.**

Du kommst nach Hause, es ist schon spät,
dann mach um deine Frau einen Bogen.
Das Holz in ihrer Hand verrät:
Gleich kriegst du eins **übergezogen.**

Sie nimmt die Pille, sagte sie frech,
doch das war glatt gelogen.
Jetzt ist sie schwanger – so ein Pech,
hättest du mal was **übergezogen.**

Markt

Auf dem Markt herrscht buntes Treiben,
möchte gern ein paar Äpfel holen.
Will auch gar nicht so lange bleiben,
also mach ich mich auf die Sohlen.
Beim ersten Stand schon, hatte ich Glück,
für zwanzig Cent, gut gewählt:
„Bitte geben sie mir zehn Stück,
hier sind zwei Euro, abgezählt"!
Zuhause wieder angekommen,
wollt ich noch einmal zählen.
Hab eine Schüssel mir genommen
und festgestellt, dass drei Stück fehlen.
Ihr glaubt jetzt nicht, was dann passierte,
der Händler wusste darüber Bescheid,
als ich das Fehlen reklamierte:
„Hat alles seine Richtigkeit „!
Ich dachte nur, mich tritt ein Gaul,
jetzt will ich es aber wissen.
Drauf sagte er: „Drei waren faul,
die hab ich für sie weggeschmissen"!

Zufrieden ! ?

Sind wir glücklich, oder nicht?
Woran kann man das erkennen?
Ich würde sagen: „Am Gesicht"!
Lasst euch mal ein Beispiel nennen.
Die Mundwinkel leicht nach oben gebogen,
schon ist ein kleines Lächeln da.
Werden sie noch höher gezogen,
kommt das schon dem Lachen nah.
Nun steht der Mund schon fast beim Kragen,
kleine Falten in den Augenwinkeln,
da hört man schon mal einen sagen:
„Ich könnt vor lauter Freude pinkeln"!
Wir nehmen das Gegenteil aufs Korn,
da haben wir herausgefunden,
ist der Mensch erfüllt mit Zorn,
dann zeigen die Winkel eher nach unten.
Alle Gesichtszüge sind am Entgleiten,
die Augen blicken etwas gehetzt.
Verraten die pure Lust am Streiten,
am Besten ist, wir verschwinden jetzt.

Rote Ampel

Die Ampel ist auf „Rot" geschaltet,
alle Autos halten jetzt an.

Wie man die Wartezeit gestaltet,
ist unterschiedlich, bei Frau und Mann.

Hier beobachtet man ein Phänomen.
Die Frauen erneuern den Nagellack.

Bei den Männern kann man sehn,
die meisten kratzen sich am …

*…hier kommen mehrere Körperteile
in Betracht, welche man in
sitzender Haltung
bequem erreichen kann.*

Der blinde Passagier

Auf dem Schiff wurde er gesichtet.
Ein blinder Passagier – der hat Nerven.
Dem Kapitän wurde es berichtet,
der ließ ihn ins Wasser werfen.
Man meldete dann den Vollzug,
der Kapitän bekam einen Schock,
als der Obermaat ihn frug:
„Wohin denn mit dem weißen Stock"?

Besuch ist da

Es hat geklingelt – ich geh zur Tür
zu sehen, welchen Besuch wir bekamen.
Ein Skelett mit Sense steht vor mir,
haucht ganz leise meinen Namen.
Ich dachte mir, den legst du rein
und sage zu dem düsteren Geist:
„Das muss bestimmt ein Irrtum sein,
hier wohnt keiner, der so heißt"!
Er geht davon, mit schleichendem Schritt,
die Sense an seinen Knochen schabt.
Mein lieber Freund, da machst du was mit,
da hab ich noch mal Glück gehabt.

Fraktur

Beide Hände hatt ich mir gebrochen
und verlor fast meinen Mut.
Doch der Arzt hat mir versprochen,
alles würde wieder gut.
Sogar Klavier könnt ich wieder spielen,
so sagte er mit Zuversicht.
Ich nahm es auf mit frohen Gefühlen,
früher konnte ich es nämlich nicht.

Rekord

Brechen wollt er den Rekord,
beim Schwimmen über tausend Meter.
Allen anderen schwamm er fort,
doch bei neunhundert Meter dreht er
um und schwimmt zurück.
Beinahe hätte er es geschafft,
es fehlten nur noch hundert Meter.
Leider verließ ihn seine Kraft,
versuchen wird er es noch mal – später.
Hoffentlich hat er dann Glück.

Kegeln

Kegeln ist ein Gesellschaftssport,
man lässt die Kugel nach unten rollen.
Damit von den Kegeln, die stehen dort,
möglichst viele umfallen sollen.
Doch häufig ist es schon geschehen,
die Kugel ist vorbei gerannt.
Alle Kegel bleiben stehen,
so was wird dann „Pudel" genannt.
Wenn einmal „Alle Neune" fallen,
freut man sich nicht wenig.
Dann wird man gekürt von Allen,
zum abendlichen Kegelkönig.

Verflixt

Um eine Stellung anzutreten,
hat der arbeitslose Franz,
ein Konto bei der Bank erbeten,
hier beißt die Katz sich in den Schwanz.
Franz sieht am Horizont ein Licht,
die Bank will ihm geben, um was er bat.
Doch so einfach ist das nicht,
erst wenn er eine neue Stelle hat.

Schrott

Das alte Auto tut es nicht mehr,
lange Jahre war es mein.
Ein neuer Wagen muss nun her,
nur teuer sollte er nicht sein.

Ich geh zum Händler, schau mich um
und fall nicht rein auf faule Tricks.
Wenn der auch glaubt, ich wäre dumm,
vormachen kann der mir nix.

Dem Händler fiel das sofort auf,
beim Verhandeln bin ich eiskalt.
Er bot mir ein Auto zum Verkauf:
„Gerade mal zwölf Jahre alt.

Zugegeben – der Lack etwas blass,
das täuscht zwar auf den ersten Blick,
doch auf den Wagen ist Verlass,
ich beneide sie um ihr Glück"!

Mein Argwohn war wie weggeflogen,
mich störte auch nicht das Rosten.
Die Stoßstange war etwas verbogen,
dafür sollte es nicht viel kosten.

Der Spritverbrauch ist sehr gediegen,
bei ungefähr acht Litern steht er.
Leider hat er mir verschwiegen,
das gilt für fünfzig Kilometer.

Ich hab nicht lange überlegt,
schnell das Schnäppchen angenommen.
Ich war etwas aufgeregt
und zu Hause nicht angekommen.

Der Motor hatte was dagegen,
dessen ich mir sicher bin,
am Öl hat es aber nicht gelegen,
von dem war nämlich gar keins drin.

Jetzt bin ich wieder gut zu Fuß,
ärgern brauche ich mich nie.
Dann fahr ich eben mit dem Bus
und komme an – mit Garantie.

Warum....

...schneit es oft im Januar?
...nur achtundzwanzig Tage Februar ?

...beginnt der Frühling im März?
...denkt man im April an Scherz?

...schlagen im Mai die Bäume aus?
...kommt im Juni nicht der Nikolaus?

..ist im Juli der Frühling schon rum?
...nennt man den August dumm?

...ist im September Oktoberfest?
...pfeift im Oktober der Wind von West?

...gibt es Weihnachtsgeld schon im November?
...kommt das Christkind im Dezember?

...gibt es den Silvesterbrauch?

Ich weiß es nicht, woher denn auch!

Erziehung

Wir lieben unsere Tochter sehr
und ihre Erziehung ist uns wichtig.
Deshalb erziehen wir autoritär
und hoffen, sie hält das für richtig.
Nehmen wir mal mich, den Mann,
wenn ich richtig schimpfen will,
schaut sie mich mit treuen Augen an
und schon ist es bei uns still.
Meine Frau lässt das nicht durchgehen,
mit ihr kann sie das nicht machen.
Sie kann sie noch so rührend ansehen,
na gut, manchmal muss sie lachen.
Wenn sie dann ins Bett gehen soll,
verzieht sie leicht ihr Mündchen.
Doch konsequent und liebevoll,
tragen wir sie noch ein Stündchen.
So wird Erziehung leicht gemacht,
unserer Tochter fällt es auch nicht schwer.
Sie hat uns ganz toll hingebracht,
was wollen wir denn noch mehr?

Riechkonzert

Fast jedem könnte es gelingen,
es lässt sich ganz einfach machen.
Nämlich die Luft zum Riechen bringen,
begleitet mit einem leisen Krachen.
Die Düfte von verschiedener Strenge,
welche dieses Phänomen begleiten,
sollte man in großer Menschenmenge
tunlichst versuchen zu vermeiden.
Zu Hause, in den eigenen Wänden,
wo es quasi keinen stört,
kann man in aller Ruhe beenden,
sein eigenes duftendes Riechkonzert.

Zickzack

Im Zickzack läuft er über die Wiesen.
Der Hase rennt nun um sein Leben.
Die Jäger fangen an zu Schießen
und wollen ihm tüchtig Feuer geben.
Doch der Hase hatte Glück,
ein allerletztes Mal vielleicht.
Als der Jäger schießt auf Zick,
hat der Hase schon Zack erreicht.

Runderneuerung

Die Dame in den Spiegel schaut
und denkt: Früher war das besser.
Da war ich perfekt gebaut,
also muss ich unters Messer.
Die ganze Haut wird nun geliftet,
die Lippen werden aufgespritzt.
Der Busen, der nach unten driftet,
bekommt Silikon, damit er sitzt.
Wieder schaut sie in den Spiegel rein
und macht ein nachdenkliches Gesicht.
Die Dame dort, wer kann das sein?
Ich jedenfalls, kenne sie nicht.

Pilze

Drei Männer waren ihr schon gestorben,
sie kochte ja so gerne Pilze.
Alle hatten den Magen verdorben,
neu heiraten nun will se.
Ihr vierter Mann, zwar kerngesund,
starb auch schon unterdessen.
Ein Schädelbruch war der Befund,
er wollte ihre Pilze nicht essen.

Ihnen auch schon passiert?

„Hey, Papa, kann ich mal dein Auto haben"?
Ich denk: Das wird bestimmt von ihm gedankt:
„Ja, aber fahr ihn nicht in den Graben,
ich hab auch heute aufgetankt"!

„Bitte, Papa, keine Predigt,
ich mach nur ´ne kleine Fahrt.
Hab dann alles schnell erledigt
und das Geld fürs Taxi gespart"!

Am nächsten Morgen sagt mein Sohn:
„Lieber Papa, ich danke dir sehr,
die Beule im Kotflügel, war die schon?
Ach übrigens, der Tank ist leer.

Ich muss jetzt los, es ist schon spät,
du wirst mir meine Eile verzeihen.
Heute Abend hab ich ein Date,
kannst du mir dein Auto leihen"?

Fitness

„Radfahren tut dem Körper gut"!
Hat dein Arzt dir empfohlen
und du, in deinem Übermut,
gehst dir gleich ein Fahrrad holen.
Bergabwärts ist es auch sehr schön,
die Räder rollen von alleine.
Doch bergan, dann wirst du sehn,
das geht mächtig in die Beine.
Ein Kater in deine Muskeln kroch,
du kannst kaum mehr richtig laufen
und denk daran, du wolltest doch,
dein Fahrrad wieder verkaufen.

Dialog

„Wenn ich deine Unschuld raube"?
Fragt er: „Bin ich dann ein Rauberer"?

„Nein"! so sagt sie: „Denn ich glaube,
dann bist du ein Zauberer"!

Urlaub

Letztens hing der Haussegen schief,
als wir beim Thema Urlaub waren.
Nur weil ich dazwischen rief,
ich würde gern in die Berge fahren.
Meine Frau hatte eine andere Idee,
wir stimmen ab – ganz demokratisch.
„Wir fahren alle an die See,
wer ist dagegen, wer wagt sich"?
Also fuhren wir an den Strand
und ich muss sagen: „Wunderschön"!
Wir vergruben meine Frau im Sand,
seitdem ward sie nicht mehr gesehn.

Oh Weh

Plötzlich greift er mit seinen Händen,
schmerzerfüllt sich an die Brust.
Sollte jetzt sein Leben enden?
Des Todes Nähe ward ihm bewusst.
Doch die Ursache seiner Schmerzen
wurden vom Doktor gleich erkannt.
Der Grund des Versagens am Herzen:
Im Schrittmacher – ein Kabelbrand.

Schicksalsspiel

Wie versteinert stand der Trainer da,
dieses Spiel war wohl verloren.
Er war einem Schlag sehr nah,
das Herz klopfte bis an die Ohren.
Zeit blieb ihm nicht mehr viel,
die Stürmer wirkten abgehetzt,
heute stand sein Job auf dem Spiel,
weshalb er seinen Joker setzt.
Ja - dieser Schachzug hat gestochen,
der Trainer wird nun wieder gefeiert.
Er bleibt im Amt für weitere Wochen,
sein Kollege hingegen wurde gefeuert.

Der Baum

Ein König war es in seinem Wald.
Ein Riese von immenser Statur.
Da kam sein Feind in Menschengestalt,
zu korrigieren die Natur.
Die Motorsäge wird angesetzt.
Aus ist ein tausendjähriger Traum.
Im Walde sterbend liegt er jetzt,
seine Majestät, der Baum.

Die Mauer

Die Mauer die einst Deutschland trennte,
ist nicht mehr da – so wie es scheint.
Doch ist nach dieser großen Wende
unser Volk auch wieder vereint?
Denn statt Freude zu empfinden,
liegt Hass und Argwohn in der Luft.
Statt näher sich zusammenfinden,
reißt man eine tiefe Kluft.
Man sieht, wir haben nichts gelernt.
Die Mauer die einst Mahnmal war,
rein optisch wurde sie entfernt.
Sie steht noch immer – nur unsichtbar.
Nun ist es an uns allen gelegen.
Das Rad, es muss sich weiter drehen.
Wir dürfen uns nicht auseinander bewegen,
sondern lernen aufeinander zuzugehen.
Gibt jeder sein Bestes, so wird es gelingen.
Hass und Intrigen werden verbannt.
Dann können stolz wir wieder singen,
das Lied vom deutschen Vaterland.

Vierzeiler

Wir müssen unsere Umwelt schützen,
das ist für jeden ein klares Muss.
Doch leider wird es nicht viel nützen,
denn keiner geht den Weg zu Fuß.

Die Kinder sind unser höchstes Gut,
der größte Schatz auf dieser Welt.
Sie steigern unseren Lebensmut
und außerdem gibt es Kindergeld.

Für viele Dinge auf der Welt,
bezahlen wir noch Steuer.
Der Staat, er braucht das viele Geld
und dafür ist ihm nichts zu teuer.

Nennst du einen Freund dein Eigen,
dann kannst du wirklich glücklich sein.
Denn in der Not, wird sich zeigen,
bist du nicht mit dir allein.

Du hast mir hundert Euro geliehen.
Du warst zu mir wie meine Brüder.
Doch eines hast du nicht verziehen.
Du hast se noch nicht wieder.

Das Leben ist wie eine Kegelbahn.
Wir stehen fest in unseren Ritzen.
Doch plötzlich kommt die Kugel an
und haut uns von den Sitzen.

Nun steh ich da, in voller Schlankheit.
Auch bin ich wieder frohen Mutes.
Das verdank ich meiner Krankheit.
Man sieht, sie hatte auch was Gutes.

Des Lebens Bahn ist vorgeschrieben,
so steht es im Brevier.
Es ist noch keiner auf der Welt geblieben,
weder ich – noch ihr.

Wir sind gesund und Gott sei Dank
Waren wir noch nie im Leben krank.
Wer dies nicht von sich sagen kann,
der ist – weiß Gott – beschissen dran.

Aus Geiz hinter dem Bus her rennen.
Noch achtzig Cent in seiner Hand.
Zehn Euro hätte er sparen können,
wäre er einem Taxi nachgerannt.

Mit Wahlversprechen macht er uns Mut.
Meistens will er uns betrügen.
Wenn er es aus Überzeugung tut,
darf ein Politiker auch lügen.

Ich hab, denk ich einmal zurück,
gelogen? noch nie in meinem Leben.
Doch HALT, Moment, einen Augenblick
…ich glaub – gerade eben.

Oh, du schöner Westerwald…
ein schönes Liedchen, ohne Zweifel.
Doch das lässt meinen Bruder kalt.
Er wohnt drüben in der Eifel.

Schwarzbraun sind die Haselnüsse…
So hat Heino sie besungen.
Wären sie schwarz-gelb wie die Hornisse,
hätte es nicht so schön geklungen.

Am Brunnen vor dem Tore…
hat er vom Freund die Braut geküsst.
Zwei Zähne hat er dann verloren,
welche schmerzhaft er vermisst.

Das Wandern ist des Müllers Lust…
lässt uns ein altes Volkslied wissen.
In Wahrheit hat der Müller Frust
und Blasen an den Füßen.

Leise rieselt der Schnee…
Kommt es von des Sängers Lippen.
Doch stundenlang ich draußen steh,
bin mächtig nur am Schippen.

Im schönsten Wiesengrunde,
ist meiner Heimat Haus…
sing ich aus vollem Munde,
der Wirt, er schmeißt mich raus.

Wenn es draußen donnert, blitzt und kracht,
wenn s dunkel ist wie finstere Nacht.
Wenn es Fäden regnet ohne Pause,
bleibt man besser gleich zu Hause.

Leichter Regen, etwas heller,
meldeten die Lumpen.
Ich steh hier in meinem Keller
und bin kräftig nur am Pumpen.

Ein schöner Mann, schick und galant,
ist plötzlich vor mir aufgetaucht.
Ich reiche ihm zum Gruß die Hand
und habe sie mir am Spiegel verstaucht.

Wir nehmen, was die Natur uns schenkt
und wir bedienen uns auch heiter.
Doch keiner nur im Traum dran denkt,
die Quelle sprudelt nicht ewig weiter.

Ich schau durchs Fenster, geraume Zeit.
Um mich herum ist Dunkelheit.
Doch als das Rollo nach oben schnellt,
ist plötzlich wieder alles erhellt.

Wer ständig schuftet - Tag für Tag.
Sich keine Ruhe gönnen mag.
Der steht ganz oben auf der Liste!
Der landet ganz schnell in der Kiste.

Liebeserklärung

Ich liebe Dich! Ich hab Dich gerne.
Oh Du, mein wunderbares Mädchen.
Vom Himmel hol ich Dir die Sterne
und auch vom Bäcker die Brötchen.

Nun sind wir viele Jahre schon vereint.
Du bist die Butter und ich das Salz.
Es wird auch so bleiben wie es scheint,
ich bin die Griebe und Du das Schmalz.
Erst in der heißen Pfanne drinnen
wird unser Glück vielleicht zerrinnen.

Doppeltes Glück

Man findet es nur dann und wann.
Weil es sich so im Gras versteckt.
Ein Kleeblatt mit vier Blättern dran,
doch ich hab heute eins entdeckt.
Es brachte mir tatsächlich Glück,
ich sag es unumwunden.
Denn etwas weiter, ein kleines Stück,
hab ich noch mal eines gefunden.

Die Gedanken sind frei
Sie sprechen manchmal eine andere Sprache

„Es freut mich wirklich Dich zu sehen"!

Der fehlt mir noch zu meinem Glück

„Möchtest Du mit mir des Weges gehen"?

Hoffentlich nur ein kleines Stück

„Gut schaust Du aus, wie geht es Dir"?

Mein Gott, der tut mir ja fast schon leid

„Ich lad Dich ein, auf ein Glas Bier"!

Hoffentlich hat er keine Zeit

„Du bist in Eile, ich kann es gut verstehen"!

Mann, der Bursche ist die reinste Qual

„Na dann, auf ein baldiges Wiedersehen"!

Nun hau schon ab, du kannst mich mal

Der blaue Planet

Die Marsmenschen besuchten einst den Mond
und fragten den Mann der dort oben wohnt:
„Wie wäre es mit einem Ausflug zum blauen
Planeten"?
Der sagt: „Nein Danke, ich hab keine Moneten!
Auch lohnt es sich nicht hinzufliegen,
die tun sich ständig selbst bekriegen!
Und werden die Erdlinge endlich schlau,
ist ihr Planet längst nicht mehr blau"!

Diagnose

Wenn dröhnend ein Nieser
sich in deiner Nase entlädt.
Wenn der Griff zum
Taschentuch viel zu spät.
Wenn reizender Husten
in deinem Brustkorb sitzt.
Wenn du jämmerlich frierst,
obwohl du schwitzt.
Wenn die Temperatur im
Körper nach oben schnellt.
Mein lieber Freund,
dann bist du erkält.

Logisch

„Heute wollen wir ergründen…",
der Lehrer streng zu seinen Schülern spricht:
„Versuchen wir herauszufinden,
ob Alkohol schädlich ist oder nicht"?
Er stellt zwei Gläser auf den Tisch.
Mit Alkohol – so füllt er eines.
Ins andere gießt er bis zum Strich
nur Wasser – und zwar Reines.
Nun nimmt zwei Würmer er zur Hand
und taucht sie ein – getrennt.
Die Schüler verfolgen ganz gespannt,
des Lehrers kleines Experiment.
Dann scharen sie sich um ihn:
„Kommt näher nur und seht.
Schaut nur alle richtig hin,
wie es mit den Würmern weiter geht."
Nach kurzer Zeit konnte man schon sehen,
der Wurm im Wasser fühlt sich wohl.
Doch um den andern war es geschehen,
er starb den Tod – im Alkohol.
Der Lehrer fragt: „Was sagt uns das"?
Einer antwortet ganz beklommen:
„Wer Schnaps trinkt ohne Unterlass,
wird keine Würmer mehr bekommen".

Allergisch

Frühmorgens nach durchzechter Nacht,
mit starkem Kopfschmerz aufgewacht,
liegt er im Bett und denkt verschwommen,
woher wohl diese Schmerzen kommen.
Er blickt nach unten und sieht mit Schrecken,
die Schuhe noch an seinen Füßen stecken.
Nun wird ihm klar – das weiß ein jeder:
Er ist allergisch gegen Leder.

So kann es einem gehen

Er kam nicht vorbei an der Kneipentür.
Er konnte einfach nicht widerstehen.
Er bestellte jede Menge Bier,
es waren an die acht oder zehn.
Er kam nicht hinaus zur Kneipentür,
er konnte schon wieder nicht stehen.

Vierzeiler

Sah ein Knab ein Röslein stehen…
er ging nah dran, ums an zu sehen.
Trat drauf ohne richtig hin zu schauen,
man müsst´ ihm eine runterhauen.

Es dunkelt schon in der Heide…
so wird gesungen nach altem Brauch.
Dies lässt sich nicht so leicht vermeiden.
An anderen Orten dunkelt es auch.

Hoch auf dem gelben Wagen,
sitz ich beim Schwager…
erst als Scheel das vorgetragen,
wurde es ein Kassenschlager.

Es blies ein Jäger wohl in sein Horn…
Doch tat er die nicht richtig.
Denn leider hat er sein Mundstück verlor´n
und das ist ziemlich wichtig.

Muss i denn zum Städtele hinaus…?
Nein – keiner will dich hier vertreiben.
Setz dich hin und gib einen aus,
dann kannst du ruhig bleiben.

Dem Vater Rhein, dem war es zu schmutzig.
Drum fand er die Idee recht putzig,
er hat sich mit dem Main vereinigt,
jetzt werden beide Hoechst chemisch gereinigt.

Du hast einen Vollrausch im Gewand,
kannst dein Umfeld kaum noch erblicken.
Siehst du ein Lichtchen an der Wand,
dann liegst du auf dem Rücken.

Wegen Bestechung steht er vor Gericht.
Nun muss er dafür endlich büßen.
Ein hartes Urteil der Richter spricht,
er hätte das Messer weglassen müssen.

Die Natur

Die Tage werden immer länger.
Das Laub des Waldes wird schon grün.
Es trällern die gefiederten Sänger,
der Frühling beginnt ein zu zieh´n.
Wir beschäftigen uns im Garten
indes wir auf den Sommer warten.
Tut die Sonne den Erdball erhitzen,
ziehen wir uns zurück in schattige Räume.
Unerträglich wird das Schwitzen,
erfüllt werden bald alle Urlaubsträume.
Dann die Frage in uns allen:
„Wann lässt der Herbst die Blätter fallen"?
Die Tage sind nicht mehr so lang.
Die Bäume verlieren ihre Blätter.
Gemindert ist der Vogelgesang
und unbeständig wird das Wetter.
Doch wir freuen uns nicht minder,
denn schon bald kommt nun der Winter.
Wieder verändert sich die Natur.
Eis und Frost beherrschen die Welt.
Schnee bedeckt nun Wald und Flur,
endlich gibt es Weihnachtsgeld.
Dann wird sich vieles vorgenommen.
Nun kann der Frühling endlich kommen.

Lottoglück

Wer hat noch nicht daran gedacht,
im Lotto was zu holen.
Sechs Kreuze, die sind schnell gemacht.
Man wartet auf die Kohlen.
Endlich werden die Zahlen gezogen,
in die Länge zieht sich das Gesicht.
Man fühlt sich von Fortuna betrogen.
Gewonnen wurde wieder nicht.
Da, endlich tritt der Glücksfall ein,
das kann es doch nicht geben.
Sechs Richtige, auf einem Schein,
ach hätte ich ihn doch abgegeben.

Egal wie

Auf hochdeutsch sagt man: *es ist zu Ende,*
woanders meint man: *es ist vorbei.*
Für Kids heißt es: *Ende im Gelände!*
Die Coolen sagen gern: *bye bye.*
Schluss! So sagt der Herr im Haus.
Der Fernfahrer ist nicht mehr: *auf Achse.*
Für Liebespaare: *ist es aus*
und *ferdsch,* so nennt es schlicht der Sachse.

Getrübter Blick

Ich sitz im Gasthaus bei einem Glas Bier.
Wo man bekanntlich schnell vergisst.
Eine Frau sitzt gegenüber mir,
meine Güte wie hässlich die ist.
Nach ein paar Gläsern – fünf an der Zahl,
die Augen waren schon leicht umrändert,
schau ich rüber – verdammt noch mal,
die hat sich aber stark verändert.
Zwischendurch ein paar Likörchen,
mein Blick streicht wieder durch den Raum.
Leicht gerötet meine Öhrchen,
die Frau mir gegenüber – ein einziger Traum.

Nun hab ich sie an meiner Seite.
Es ist schon eine Weile her.
Am Liebsten suchte ich das Weite.

Ich trink keinen Tropfen mehr.

Makaber

Der Himmel lässt es aus allen Wolken gießen,
als man den Mörder zum Galgen führt.
Nun muss er für seine Taten büßen,
doch er zeigt sich nicht gerührt.
Bald schon wird man ihn entleiben
und dennoch hat er etwas Glück.
Er kann am Stricke hängen bleiben,
der Henker muss durch den Regen zurück.

Kleiner Defekt

Der Fallschirmspringer nach unten zischt.
Warum öffnet sich der Fallschirm nicht?
Entsetzt er an der Notleine zieht
und stellt fest, dass nichts geschieht.
Noch im Fallen glaubt er zu wissen:
Den Schirm wird er wohl umtauschen müssen.

Tränen

Du kommst auf die Welt und alle sind froh,
erwartete man dich doch mit heißem Sehnen.
Als erstes gibt es einen Klaps auf den Po
und so kullern schon die ersten Tränen.

Ein paar Monate sind ins Land gegangen,
du kämpfst mit deinen ersten Zähnen.
Feucht werden deine roten Wangen,
schon wieder laufen dir die Tränen.

Ein holpriges Pflaster ist unser Leben,
das merkst du schon beizeiten.
Es wird immer wieder Dinge geben,
die mit Tränen dich begleiten.

Es kommt der Tag der letzten Ruh´.
Am Grabe stehen all die Deinen.
Sie winken dir noch einmal zu
und manche werden Tränen weinen.

Der Verlierer

Zusammengesunken sitzt er da.
Traurig und allein.
Das Glas in der Hand,
den Kopf ganz schwer.
Da plötzlich kommt sein Freund herein,
nimmt sein Glas und trinkt es leer.
Dann fragt sein Freund:
„Was ist denn los?
Vertrau dich mir an
und sag es bloß"!
Die Antwort kommt leise und gelassen:
"Mein Chef hat mich heute entlassen!
Auch kam ein Schreiben vom Gericht,
man hat meine Tochter beim Klauen erwischt.
Mein Sohn hat mit dem Auto
einen Baum gerammt,
meine Frau ist mit ihrem
Liebhaber durchgebrannt!
Doch was mich jetzt am Meisten trifft:
Du kommst herein und trinkst mein Gift"!

Tja,…

Mit Hammer und Nagel in der Hand
steht der Vater in der Stube.
Ein neues Bild soll an die Wand.
Es beobachtet ihn sein kleiner Bube.
Der erste Schlag, ein dumpfer Schrei.
Der Hammer auf dem Daumen sitzt.
Zielsicher ging der Schlag vorbei,
der kleine Junge grinst verschmitzt.
So wie des Volkes Munde spricht,
sei Lachen ja gesund.
In diesem Falle sicher nicht,
das Hinterteil des Kleinen war wund.

Verkanntes Genie

Ein fahrender Händler reist durch die Welt.
Er preist an einen Unsterblichkeitstrank.
Der Justiz dies aber gar nicht gefällt,
nun sitzt er auf der Anklagebank.
Nach vielen Recherchen endlich glückt es,
man setzt ihn fest und ist verwundert.
Er wurde verurteilt wegen gleichen Deliktes,
bereits im Sechszehnten Jahrhundert.

Der gute Rat

In einer kleinen Kneipe trafen sich zwei Männer.
Der eine blickte stumm vor sich hin.
Der andere ein Menschenkenner,
setzte sich zu dem Traurigen hin.
„Zwei Bier", bestellt beim Wirt er lauthals
und blickte fragend auf sein gegenüber:
„Was ist mit ihm? Er schaut als
lief eine Maus über die Leber drüber.
Seufzend greift der Mann zum Glas
und sagt mit weinerlicher Stimme:
„Meine Frau, die gönnt mir keinen Spaß,
manchmal tut sie mich vertrimme.
Obwohl ich sie doch so sehr liebe,
kann ich ihr nie was richtig machen.
So setzt es hin und wieder Hiebe,
sie ist und bleibt ein alter Drachen.
Komm ich nach Hause mit viel Rücksicht,
tu alles um sie nicht zu stören.
Doch bisher hatte ich das Glück nicht,
sie tat mich noch immer hören.

Dann schimpft sie mich bis in die Frühe.
Ich steh vor ihr mit gesenktem Haupt.
Das Zetern macht ihr sichtlich Mühe,
wenn sie mir die Nachtruhe raubt".
Voll Mitleid hat der andere zugehört
und schüttelt verständnislos den Kopf.
„Du machst hier etwas ganz verkehrt",
belehrte er den armen Tropf.
„Du musst es machen so wie ich.
Dann gibt es kaum noch Zank.
Ich verkriech mich nicht unterm Tisch,
erst recht nicht unter der Bank.
Wenn ich nach Hause komm mit viel Rumor,
kann man mich schon von weitem hören.
Mit lautem Knall schließ ich das Tor
und lasse mich durch gar nichts stören.
Wenn ich steig aus meinen Sachen,
ruf ich zu meiner Frau, der Braven:
Komm, lass uns etwas Liebe machen!
Dann tut sie so als würde sie schlafen.

Vergessen

Da war doch was, ich weiß es genau
und denke nach wie besessen.
Doch alle Zellen im Hirn sind grau,
ich habe es total vergessen.

Ich sitze da und grüble nach:
Was kann es nur gewesen sein?
Doch im Kopf liegt alles brach,
es fällt mir einfach nicht mehr ein.

Um dies in Zukunft zu unterbinden,
schreib ich mir einfach alles auf.
Kann ich mal etwas nicht finden,
schau ich auf den Zettel drauf.

Am Anfang schien es auch zu klappen.
Meine Vergesslichkeit? –die war besiegt.

Doch jetzt – ich könnte überschnappen,
weiß nicht mehr wo mein Zettel liegt.

Wenn…

…Schmerzen durch die Beine ziehen,
…deine Oberschenkel glühen,
…jeder Schritt dir wird zuviel,
…keine Hose passen will,
…im Schritt ist alles leicht gerötet,
…du denkst ein Engel leise flötet,
…du gehst dir ein Puder kaufen,
dann hast du dir einen Wolf gelaufen.

Wenn…

…knisternde Stille im Raume liegt,
…Popcorn durch das Zimmer fliegt,
…alle Gesichter ganz entzückt,
…keiner aufs Klo geht, obwohl es drückt,
…zwischendurch ein Stöhnen wird laut,
…hier und da einer Nägel kaut,
…der Puls mal in die Höhe schlägt,
…man Bier trinkt und es nicht verträgt,
…an den Füßen die Zehen zucken,
dann sind alle Fußball am Gucken.

Wenn…

…deine Frau nicht am Nörgeln ist,
…sie deine kleinen Sünden vergisst,
…dein Lieblingsessen auf dem Tische steht,
…sie nickend deine Sorgen versteht,
…sie beim Ausgehen stark beringt,
…sie sich plötzlich jugendlich schminkt,
…das Telefon klingelt – falsch verbunden,
…kleine Geschichten werden erfunden,
…Frauchen rum läuft mit glücklichem Gesicht,
dann pass auf, hier stimmt was nicht.

Wenn…

…dunkle Wolken am Himmel ziehen,
…die Vögel unter die Bäume fliehen,
…kühle Nässe die Sohle durchdringt,
…es aus dem Gully fürchterlich stinkt,
…ein kleines Bächlein auf der Straße fließt,
…im Garten das Unkraut sprießt,
…alle dir mit einem Schirm begegnen,
dann ist es wohl bestimmt am Regnen.

Au Backe

Beim Frühstück heute morgen
hat mich mein Backenzahn gequält.
Das bereitet große Sorgen
und hat mir gerade noch gefehlt.

Ich kann es eigentlich nicht fassen
und es wundert mich auch sehr.
Die Zähne hab ich nachsehen lassen,
es ist noch keine drei Jahre her.

Schon sitze ich im Wartezimmer.
Mein Blutdruck gleicht einem starken Beben.
Die Schmerzen werden immer schlimmer,
ich sehe mich schon im Jenseits schweben.

Lächelnd bittet die Ärztin mich herein,
ja sieht sie denn nicht mein Leiden?
Ihr Blick ist tückisch und gemein,
ach wäre ich verschwunden noch beizeiten.

Nach einer Spritze wird gezogen.
Die Frau über mir ist eiskalt.
Ich hänge im Stuhl, total verbogen,
indes mein letzter Schrei verhallt.

Dann ist der ganze Spuk vorbei.
Lässig betaste ich mein Kinn.
Das etwas taub, doch von Schmerzen frei.
Wie gut, dass ich so tapfer bin.

Zum Abschied noch ein neuer Termin,
mit heftigem Kopfnicken wird bestätigt.
In zwei Wochen soll ich wieder hin.
Denkste, der Fall ist für mich erledigt.

Neues vom Mars

Die neueste Nachricht durch den Äther brandet:
Ein Ufo ist auf der Erde gelandet.
Sofort wird alles in Alarm versetzt,
die fremden Wesen werden gehetzt.
Diese erkennen nach kurzer Zeit:
Die Erde ist noch nicht soweit.
Mit kräftigem Knall und lautem Zischen,
sind sie durchs Ozonloch wieder entwischen.

Alle in einem Boot

Der Mensch in seiner Farbenpracht,
ob Schwarze, Rote, Weiße, Gelbe.
Hat uns nicht alle GOTT gemacht?
Sind wir nicht im Herzen dasselbe?
Warum müssen wir uns bekriegen?
Wo bleibt eigentlich unser Verstand?
Letztlich wird wohl keiner siegen,
nur die Erde wird verbrannt.
Wenn diese ist verloren,
dann erst werden wir verstehen,
keiner von uns ist auserkoren.
Wir werden gemeinsam untergehen.

Ja, wie denn nun

Es ist bekannt in der ganzen Welt
und jeder sollte es wissen:
wenn eine Katze herunterfällt,
landet stets sie auf den Füßen.
Die Scheibe Brot, mit Marmelade,
gleitet sie dir aus den Pfoten,
landet immer und das ist schade,
mit dem Geschmierten auf dem Boden.
Nun machen wir mal folgenden Test,
weil sich hier eine Frage stellt:
Wir binden das Brot auf der Katze fest
und warten ab, wohin was fällt.

Hessisch

Siwwe Schoppe woarn bestellt
un ussern Kellner is net bleed.
Dommet em kaans erunnerfällt,
nimmde sich e Hiehtrohbreed.
Liergetrunke, oh aam Stick,
die nächste Runde kann grod komme.
Jetz bringde die leere Gläser zerick,
dofür wird´s Wegtrohbreed genomme.

Der Patient

„Herr Doktor, ich fühle mich so schwach",
so spricht Herr Meier kläglich.
Des nächtens lieg ich meistens wach
und schlimmer wird es täglich".
Der Arzt erklärt mit ernstem Gesicht:
„Das kriegen wir schon wieder hin,
das packen wir mit Zuversicht
und auch ein wenig Medizin"!
„Von diesen Tropfen täglich Hundert,
die nehme er ein und er wird sehen,
dass er sich schon morgen wundert,
es wird ihm wieder besser gehen".
Der Doktor macht Herrn Meier Mut.
Er gönnt ihm noch ein Schulter Klopfen.
Dieser nimmt dann seinen Hut
und auch vom Tisch die Tropfen.
Zuhause wird er flugs am Besten
Die Tropfen nehmen und dann prompt
den Inhalt dieser Flasche testen,
damit er wieder zu Kräften kommt.
Doch leider wurde nichts daraus.
Er konnte nicht trinken von diesem Saft.
Die Wirkung der Tropfen fiel gänzlich aus.
Zum Öffnen der Flasche fehlt ihm die Kraft.

Der Simulant

Aufgeregt und mit fliegendem Gewand,
kommt die Schwester zum Arzt gerannt:
„Es ist ihnen doch sicher bekannt,
vom Zimmer siebzehn – der Simulant,
der angeblich den Magen verdorben,
der ist vor zehn Minuten gestorben"!
Die Worte die dem Arzt noch blieben:
„Jetzt hat er mächtig übertrieben"!

Hiobsbotschaft

Es sassen zusammen in fröhlicher Runde,
die Freunde und sie tranken Wein.
Das Telefon läutet zu später Stunde:
Nanu, wer kann denn das noch sein?

Der Heiner nimmt den Hörer zur Hand
und fragt nach dem Anrufers Begehren.
Dann wird er plötzlich weiß, wie 'ne Wand.
Man kann eine Nadel fallen hören.

Nächste Seite

Bestürzt legt er den Hörer auf
und wendet sich zum Gehen.
Tja, das ist der Welten Lauf,
ein Unglück war geschehen.

Fragend sehen ihn die Freunde an,
sie erkannten seine Schmerzen.
Ein guter Bekannter, er rief an,
der Vater erlag einem Schlag am Herzen.

Betreten schauten sie hernieder.
Es war still wie in einem Grab.
Da klingelt das Telefon schon wieder,
zitternd nimmt Heiner den Hörer ab.

In seinem Gesicht lagen tiefe Falten,
als er die leise Stimme vernahm.
Er konnte sich kaum auf den Beinen halten,
deutlich erkannte man seinen Gram.

„Es war mein Bruder" sagt er leise.
Sein Blick, der sank hinieden.
„Soeben ist auf gleiche Weise,
dessen Vater auch verschieden".

Nur einer

Es freuen sich die Buben,
wenn sie spielen Räuber und Gendarm.
Es freuen sich die Mädchen,
wenn sie spazieren Arm in Arm.
Es freuen sich die Frauen,
wenn sie beim Kaffee tratschen.
Es freuen sich die Männer,
wenn sie zum Stammtisch latschen.
Nur einer sitzt da, mit ernstem Gesicht,
man sieht ihm an – er freut sich nicht.

Liebeskummer

Heute Morgen wurde ich nicht munter.
Keinen Bissen bekam ich herunter.

Denn meine Gedanken sind nur bei dir.

Selbst mittags schmeckte mir kein Essen,
ich konnte dich einfach nicht vergessen.

Der kleine Zeiger stand auf vier.

Das Abendessen rührte ich nicht an,
weil ich dich nicht vergessen kann.

Kein Stück Brot nahm ich von der Platte.

Im Bett noch dachte ich über dich nach,
konnte nicht schlafen und blieb wach,

weil ich schrecklichen Hunger hatte.

Die zehn Gebote

Als Moses einst in die Hügel ging,
war er dort längere Zeit geblieben.

Drei Tafeln er vom Herrn empfing,
jede mit fünf Geboten beschrieben.

Daran sollte sich die Menschheit halten
mahnte Gott mit strengem Blick.

Friede soll auf Erden walten,
doch dann geschah das Missgeschick.

Der Rückweg wollte gar nicht enden.
Die Tafeln waren schwer wie Blei.

Eine glitt ihm aus den Händen,
übrig blieben nur noch zwei.

Auf denen als wir sie dann fanden,
nur noch zehn Gebote standen.

Der Popel

Neulich fuhr ich auf der Straße,
an einer Ampel blieb ich stehen.

Da – plötzlich ein Jucken in der Nase,
na gut, dann wollen wir mal sehen.

der kleine Finger, leicht gekrümmt,
nähert sich dem Nasenloch,

um festzustellen, was da nicht stimmt,
steigt er an der Nase hoch.

Jawohl - es lässt sich ganz genau fühlen,
ein Popel sitzt in der Höhle fest.

Der Finger fängt jetzt an zu wühlen,
gleich löst sich noch der letzte Rest.

Es ist geschafft, wir haben den Popel.
Weggeschnippt, mit stolzem Gebaren.

Hinter mir, da hupt ein Opel,
grün - wir können weiterfahren.

Grauen

Wenn morgens früh der Tag erwacht.
Der Wecker reißt mich aus den Linnen.
Verschwunden sind die Schatten der Nacht.
Ein neues Tagwerk kann beginnen.

Hände waschen, Zähne putzen,
kritisch in den Spiegel geschaut.
Plötzlich dann – ein jähes Stutzen,
ist da nicht ein Haar ergraut?

Gestern war es noch nicht da.
Woher nur kann es stammen?
Blitzschnell wird mir eines klar:
Es graut sich was zusammen.

Nicht zu ändern, leider wahr,
doch deshalb mach ich keine Faxen.
Wegen einem einzigem grauen Haar,
lass ich mir keinen Kopf voll wachsen.

Behördengang

Der Weg zur Kfz-Zulassung
bringt so manchen aus der Fassung.
Doch Gott sei Dank, weiß man nicht weiter,
gibt es Personal und deren Leiter.
Der spricht zu dir, gleich einem Kind,
wenn die Unterlagen nicht vollständig sind:
„Diese müssen sie sich noch besorgen
und kommen wieder, am Besten morgen"!
Am nächsten Tag, du wartest geduldig
bis man dich aufruft, du fühlst dich schuldig.
Erneut werden die Papiere gesichtet,
ein ernster Blick sich auf dich richtet:
„Zahlen sie die Gebühren ein,
dann kriegen sie den Fahrzeugschein"!
Verstehen wirst du das wohl nie.
Willkommen in Deutschlands Bürokratie.
Du kannst es nicht glauben, es ist vorbei.
In einer Stunde nur, oder waren es zwei?
Der Ärger ist wie weggespült,
es wird sich wieder wohl gefühlt.
Man wünscht sich einen schönen Tag,
obwohl man sich nicht so richtig mag.
Endlich sitzt man dann im Wagen.
Nichts wie weg, kann man nur sagen.

Die Arche Noah

Als Noah an der Arche baute,

er ab und zu in die Ferne schaute,

ward er am Horizont gewahr,

ein sich näherndes Elefantenpaar.

Er dachte bei sich: ach, was soll´s,

dann nehme ich noch ein bisschen Holz,

zieh mein Boot noch in die Länge,

dann gibt es nicht so viel Gedränge.

Das Wasser stieg sehr schnell und stetig,

ein Segel setzen wurde nötig.

Dann ging es los, in voller Fahrt,

Richtung Ziel – dem Ararat.

Des Rauchers Leid

Endlich hab ich es geschafft,
das Rauchen aufzugeben.
Ich fühle wieder neue Kraft,
es lässt sich einfach besser leben.

Kopfschüttelnd sehe ich meinen Nachbarn an,
wie der an seiner Zigarette zieht.
Weiß er denn nicht was werden kann,
was innerlich mit ihm geschieht?

Die Lungen füllen sich mit Teer.
Die Brust erzittert bei jedem Husten.
Der lebt keine drei Jahre mehr,
die Bronchien werden ihm was pusten.

Er raucht Kette – ohne aus zu ruh´n.
Er ist ja nur noch ein Gerippe.
Das regt mich auf, ich muss was tun,
komm gib mir mal eine Kippe!

Gesundheit

Geht es mit der Gesundheit mal nach unten,
die man doch am Meisten liebt.
Schnell will jeder wieder gesunden,
wie gut, dass es die Ärzte gibt.

Ein neues Herz kann man verpflanzen,
fast alle Organe sind austauschbar.
Patienten können wieder tanzen,
vergessen schnell, wie ernst es war.

Das Leben geht weiter wie vorher.
Die Zeichen des Körpers werden missachtet,
so hat es der Sensenmann nicht schwer,
der stets uns nach dem Leben trachtet.

Nichts ist umsonst auf dieser Welt,
für alles müssen wir was geben.
Der Tod kostet zwar kein Geld,
doch immerhin das Leben.

Einparken

Um ein Vorurteil zu beseitigen,
muss man einmal folgendes sagen,
ohne Frauen zu beleidigen,
welche versuchen einzuparken.
Sie entdeckt am Straßenrand die Lücke.
Sechs Meter nur, das wird sehr schwer.
Im Rückwärtsfahren steckt die Tücke,
man verlässt sich auf das Gehör.
Kupplung schleift, Blick nach hinten.
Das Lenkrad ist schon eingeschlagen.
Diese Lücke ist zu finden,
schließlich nur ein kleiner Wagen.
Oh, jetzt wird es aber knapp,
schnell bremsen, viel zu eng genommen.
Der Motor schaltet erst mal ab
und harrt der Dinge, die da kommen.
Wagen noch einmal gestartet,
der erste Anlauf war verkehrt.
Hinter ihr, die Schlange wartet
ganz gemütlich im Hupkonzert.
Beim zweiten Versuch schon ist es geglückt,
ganz einwandfrei und ohne Not.
Die Fahrerin ist hoch entzückt,
lässt das Auto stehen, im Parkverbot.

Das gibt es auch

Am Grabe steht er ohne Regung,

keine Teilnahme an dem was geschieht.

In seinem Gesicht keine Bewegung,

man könnte frieren wenn man es sieht.

Was ist das nur für ein kalter Mann?

Wo sind denn die Gefühle geblieben?

Wer nicht um die Seinen trauern kann,

ist auch nicht fähig zu lieben!

Die Eintagsfliege

Nicht nur auf dem Tisch,
nein auch in der Patsche
sitzt die kleine Eintagsfliege.
Es nähert sich mit erhobener Klatsche
ein Mann, auf dass er sie auch kriege.

Schon saust die Klatsche mit voller Wucht
herunter auf des Tisches Platte.
Die Fliege ihr Heil in der Flucht versucht
und das Quäntchen Glück auch hatte.

Nun sitzt sie da, nach Atem sie ringt.
Das kurze Leben war gerettet.

Ob nächstes Mal es auch gelingt?
Darauf wird hier nicht gewettet.

Der Kampf mit der Waage

Jeden Samstag das gleiche Spiel,
wenn ich zu meiner Waage trabe,
um zu sehen, ob und wie viel
ich schon abgenommen habe.
Darauf muss ich schon beizeiten,
um das Optimale zu erreichen,
intensiv mich vorbereiten,
heute setze ich ein Zeichen.
Eine gründliche Rasur ist Pflicht.
Aftershave wird später getupft.
Mitgewogen wird das nicht
die langen Wimpern werden gezupft.
So langsam bin ich ganz entzückt,
die Nase wird noch mal geputzt.
Ein Pickel wird noch ausgedrückt,
ich bin sicher, dass dies nutzt.
Die Fingernägel noch geschnitten,
das hätte ich beinahe glatt vergessen.
Darunter hätte mein Gewicht gelitten,
erst nach dem Wiegen wird gegessen.
Jetzt wird sich auf die Waage gestellt.
Dunkelrot wird mein Gesicht.
Die Anzeige mir gar nicht gefällt,
warum? – das sage ich euch nicht.

Der Stinker

O je - ausgerechnet jetzt
plagen mich die Magenwinde.

Ich steh im Aufzug - voll besetzt –
Was ich gar nicht lustig finde.

Der Druck wird größer – fürchterlich –
alle Muskeln angespannt.

Warum trifft es gerade mich?
Am Liebsten wäre ich weggerannt.

Nun ist es passiert – er ist entwichen –
Gott sei Dank ganz ohne Tösen.

Sozusagen mit leisem Kriechen,
tut er sich in Luft auflösen.

Wie so ein Schleicher riechen kann?
Lange hält das keiner aus.

Jeder schaut jetzt jeden an,
dritter Stock – nix wie raus.

Die größten Lügen

Nach der Wahl wird alles besser...
Wir liefern das Volk nicht ans Messer...
Geld interessiert mich wirklich nicht...
Ein Politiker stets die Wahrheit spricht...
An unserer Partei hat es nicht gelegen...
Ich war in Thailand, der Sonne wegen...
Bis zum Aufschwung ist es nicht mehr weit...
In unserer Ehe gibt es keinen Streit...
Wir brauchen auch den Kritiker...
Es gibt keine korrupten Politiker...
Keine Erhöhung für den Mieter...
Mein Auto verbraucht nur vier Liter...
Auf gute Freundschaft einen Toast...
Wir wollen den Frieden in Nahost...
Wir werden Bin Laden sehr bald fassen...
Wir senken die Beiträge der Kassen...
Die Steuern werden nicht erhöht...
Die Mautgebühr kommt nicht zu spät...
Ich komme heute bestimmt nicht später...
Fünfundzwanzig Zentimeter...
Die Arbeitslosen werden sich lichten...
Wir werden auf Diäten verzichten...
Ich habe mich ehrlich um das Amt beworben...
Der alte Holzmichel ist gestorben!

Der kleine Streit mit dem Schicksal

Rums – da hat es einen Schlag gegeben!
Plötzlich ist nichts mehr wie es vorher war.
Das Schicksal fordert einen Kampf ums Leben.
Um Deines – das ist dir hoffentlich klar.
Du denkst: Warum? Warum nur ich?
Was ist geschehen, wo bin ich geblieben?
Doch Halt! – ich denk ja nur an mich.
Was geschieht mit meinen Lieben.

Du willst mich einen Feigling nennen?
Jetzt entsteige ich meinem Graben.
Nun lernst du mich erst richtig kennen.
Du willst den Kampf, du kannst ihn haben.
Doch glaube nicht, weil du das Schicksal bist
Hast du alle Trümpfe in der Hand.
Du spielst oft falsch – mit Tücke und List
doch diesmal hast du dir die Finger verbrannt.

Dieses Mal beziehst du Hiebe,
da hab ich keine Bange.
Denn ich kämpfe nur mit Liebe
die ich gebe und empfange.
Jetzt bist du es und schaust blöd zu.
Nun hau schon ab – lass mich in Ruh!

Vier Vierzeiler

Die Maus - an ihrem Leben hängt se,
ein kleines - zartes Wesen.
Da kommt die Katz und fängt se,
das war es dann wohl gewesen.

Mein Auto eine Macke hat,
ich hab den Fehler gleich gefunden.
Vorne links, ein Reifen platt,
doch Gott sei Dank nur unten.

Ein Auto meist vier Räder hat,
am Fünften sollte man nicht sparen.
Denn ist mal eines unten platt,
kann man nicht mehr damit fahren.

Meinungsaustausch – das muss sein.
bei meiner lieben Frau zu Haus.
Mit meiner Meinung geh ich zu ihr,
mit ihrer komm ich wieder raus.

Still…

… zieht der Fluss durch sein eigenes Bett
…stehen die Bäume im Wald herum
…frisst der Holzwurm sich durchs Brett
…wirkt die Natur – und stumm
…wachsen die Blumen in die Höhe
…ziehen die Schatten durch die Nacht
…äsen auf dem Feld die Rehe

Laut wird es nur wenn ein Donner kracht.

Inspiration

Nun versuch ich mich schon seit Wochen
an einem kleinen Kurzgedicht.
Den Kopf hab ich mir fast zerbrochen,
doch es gelingt mir einfach nicht.
Will nicht länger meine Zeit vertreiben;
Ich hör auf und lass es bleiben.

Mein großes Vorbild

Er hat sich in unser Herz geschrieben.

Ist fort gegangen – lebt nicht mehr.

Doch seine Gedichte sind geblieben

und dafür danken wir ihm sehr.

Er hat so viel Schönes uns gegeben.

Sein großes Buch und auch sein Klein´s.

Er bleibt mein großes Vorbild, der

Erhardt Heinz